So gehts:

Teile ausschneiden

falten

kleben

Du brauchst:

Schere

Kleber

So gehts:
Teile ausschneiden
falten
kleben
Du brauchst:
Schere
Kleber

So gehts:

Teile ausschneiden

falten

einschneiden

kleben

Du brauchst:

Schere

Kleber

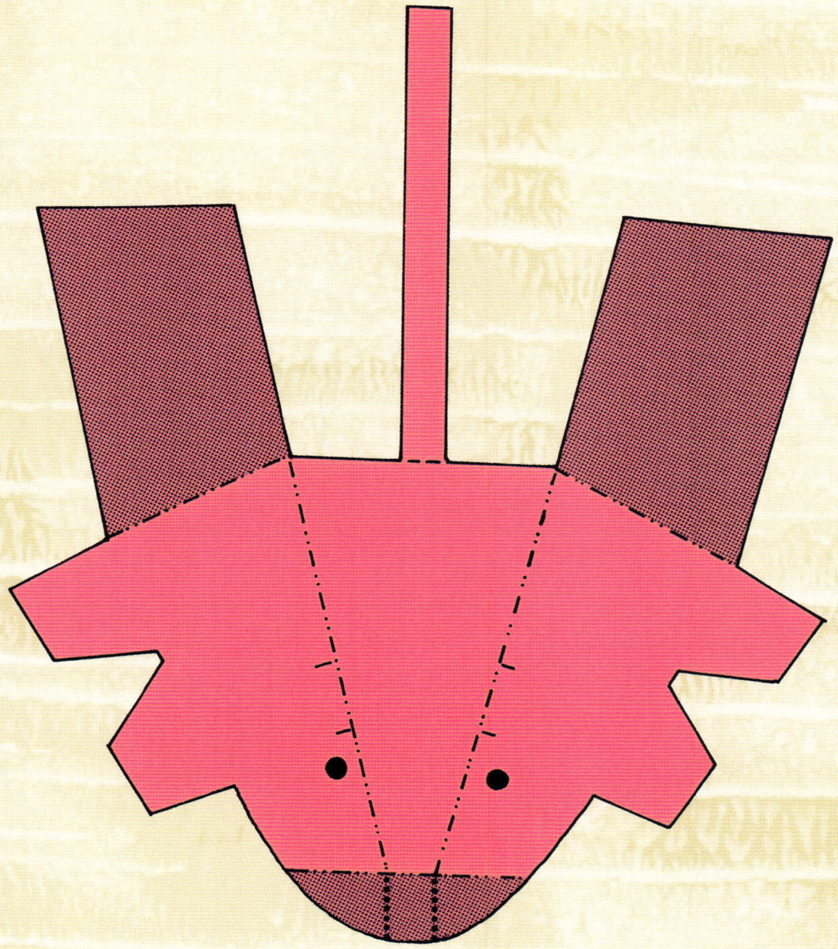

So gehts:

Teile ausschneiden

falten

einschneiden

kleben

Du brauchst:

Schere

Kleber

So gehts:

Teile ausschneiden
- ---·---· falten
- ········ einschneiden
- (grau) kleben

Du brauchst:

- Schere
- Kleber

So gehts:	**Du brauchst:**
Teile ausschneiden	Schere
falten	Kleber
einschneiden	
kleben	

So gehts:

Teile ausschneiden

falten

kleben

Du brauchst:

Schere

Kleber

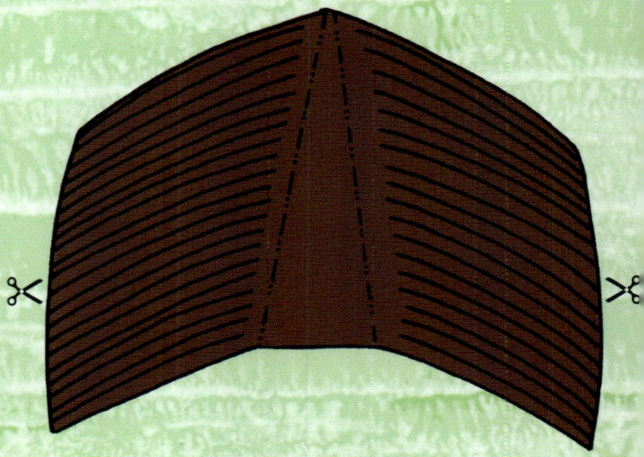

So gehts:

Teile ausschneiden

falten

kleben

Du brauchst:

Schere

Kleber

So gehts:

Teile ausschneiden

-··-··- falten

kleben

Du brauchst:

Schere

Kleber

So gehts:	Du brauchst:
Teile ausschneiden	Schere
falten	Kleber
kleben	

So gehts:

Teile ausschneiden

falten

kleben

Du brauchst:

Schere

Kleber

So gehts:

Teile ausschneiden

falten

kleben

Du brauchst:

Schere

Kleber

So gehts:

Teile ausschneiden

falten

einschneiden

kleben

Du brauchst:

Schere

Kleber

So gehts:

Teile ausschneiden
falten
einschneiden
kleben

Du brauchst:

Schere
Kleber

So gehts:

Teile ausschneiden
falten
einschneiden
kleben

Du brauchst:

Schere
Kleber

So gehts:

Teile ausschneiden
falten
einschneiden
kleben

Du brauchst:

Schere
Kleber

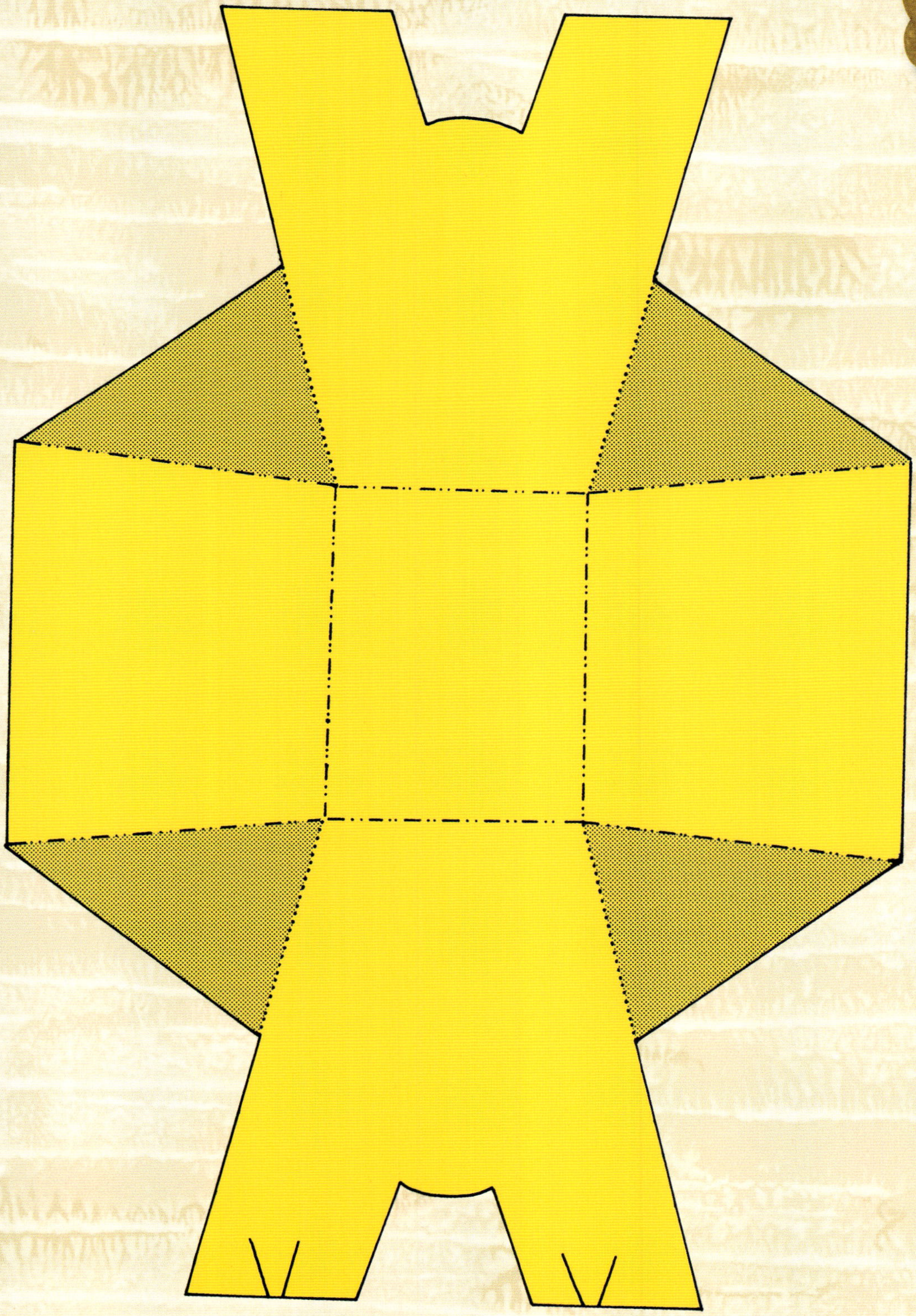

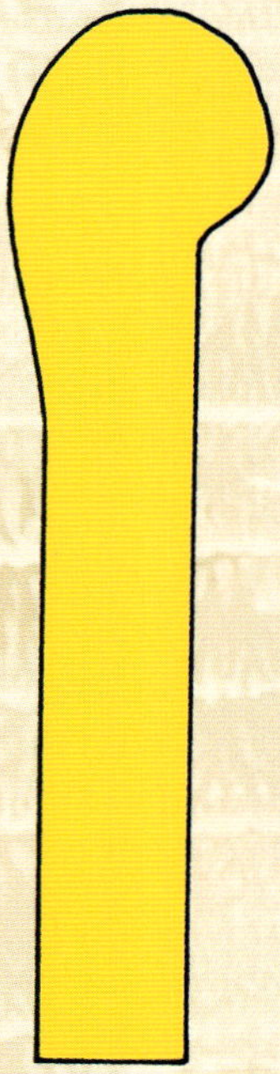

So gehts:

Teile ausschneiden

falten

kleben

Du brauchst:

Schere

Kleber

So gehts:

Teile ausschneiden

falten

kleben

Du brauchst:

Schere

Kleber

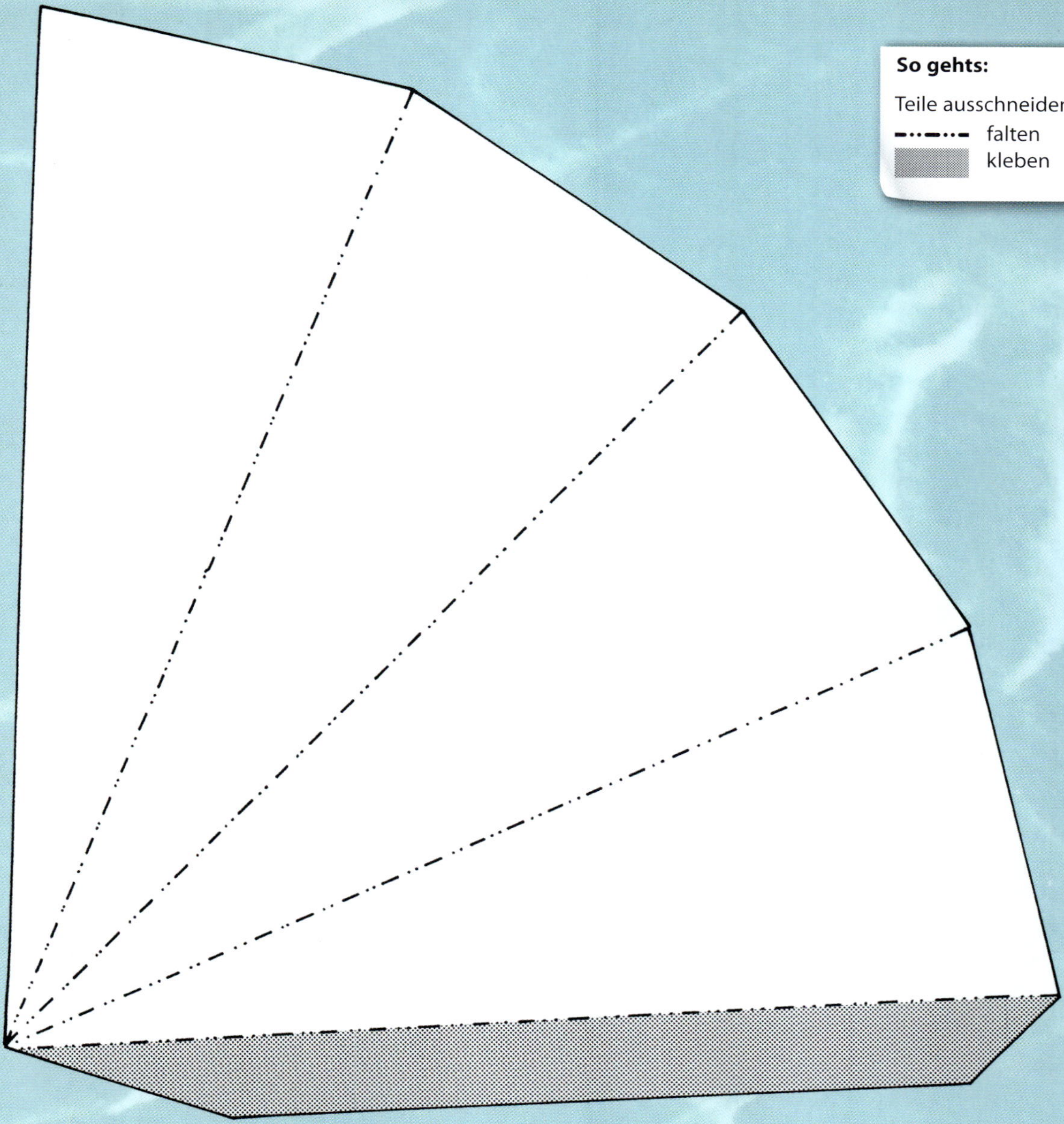

So gehts:

Teile ausschneiden

falten

kleben

Du brauchst:

Schere

Kleber

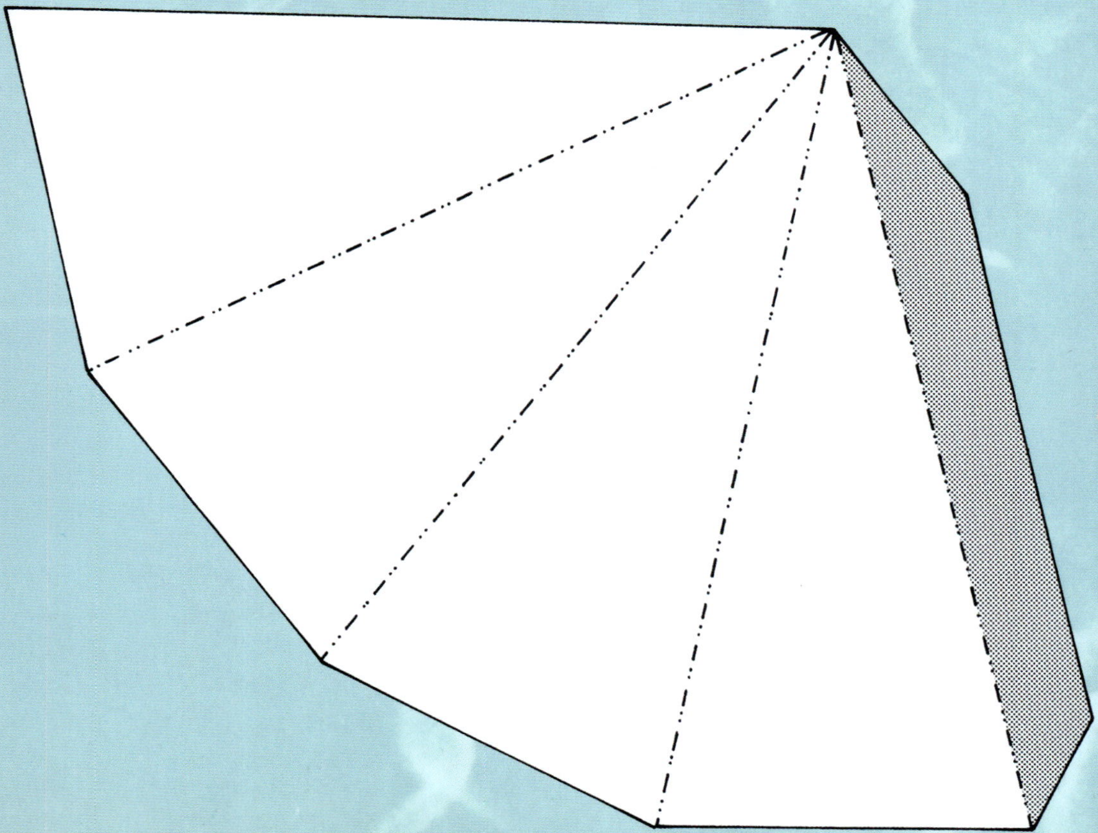